Aron te burati

Te korokaraki iroun Katenati Kaareti
Te korotaamnei iroun John Robert Azuelo

Library For All Ltd.

E boutokaaki karaoan te boki aio i aan ana reitaki ae tamaaroa te Tautaeka ni Kiribati ma te Tautaeka n Aotiteeria rinanon te Bootaki n Reirei. E boboto te reitaki aio i aon katamaaroaan te reirei ibukiia ataein Kiribati ni kabane.

E boreetiaki te boki aio iroun te Library for All rinanon ana mwane ni buoka te Tautaeka n Aotiteeria.

Te Library for All bon te rabwata ae aki karekemwane mai Aotiteeria ao e boboto ana mwakuri i aon kataabangakan te ataibwai bwa e na kona n reke irouia aomata ni kabane. Noora libraryforall.org

Aron te burati

E moan boreetiaki 2022
E moan boreetiaki te katootoo aio n 2022

E boreetiaki iroun Library For All Ltd
Meeri: info@libraryforall.org
URL: libraryforall.org

Te korotaamnei iroun John Robert Azuelo

Atuun te boki Aron te burati
Aran te tia korokaraki Kaareti, Katenati
ISBN: 978-1-922849-96-0
SKU02314

Aron te burati

Ko ataia bwa ko na kanga ni buratina wiim?

Aio arona!

Karekea am burati.

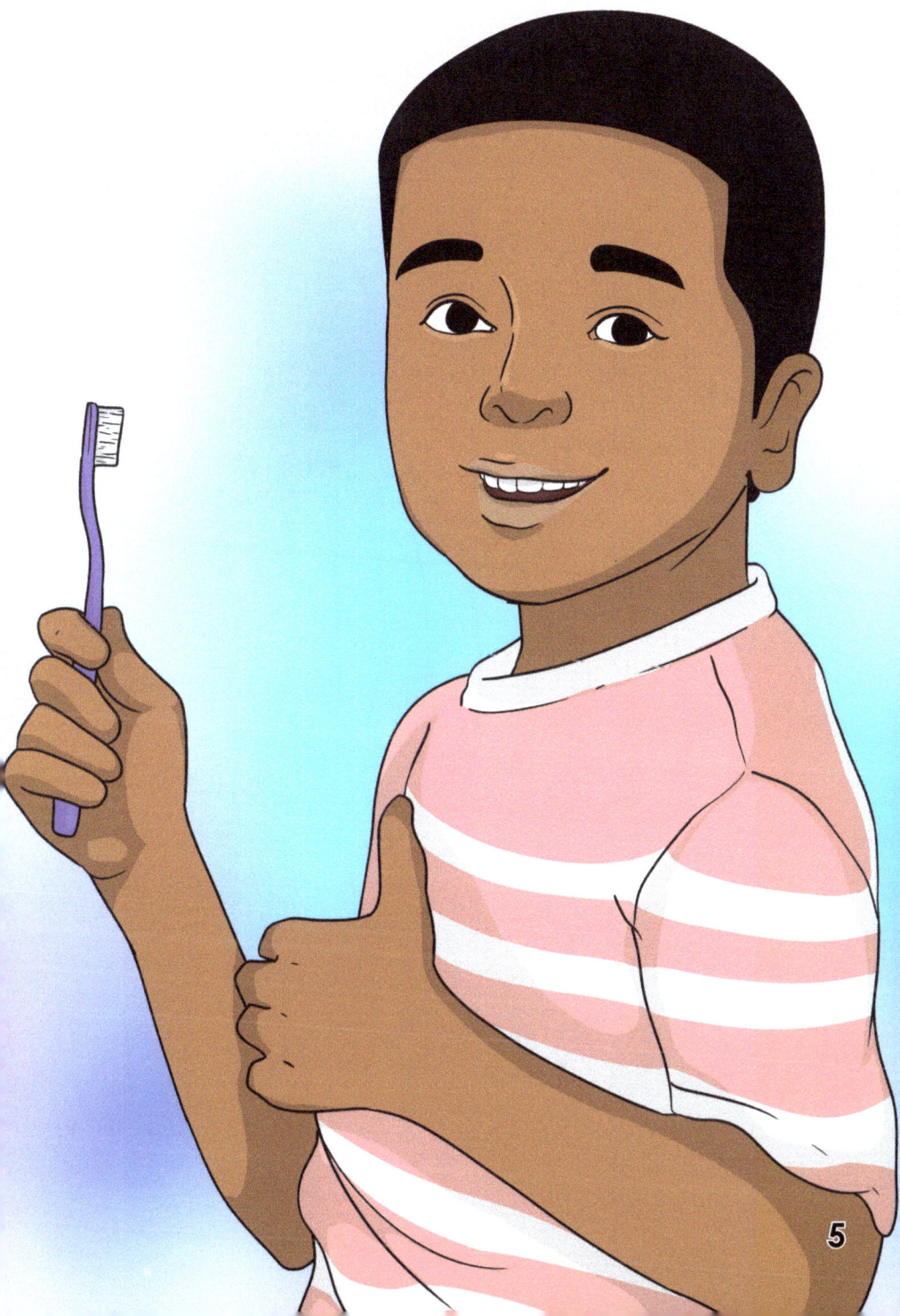

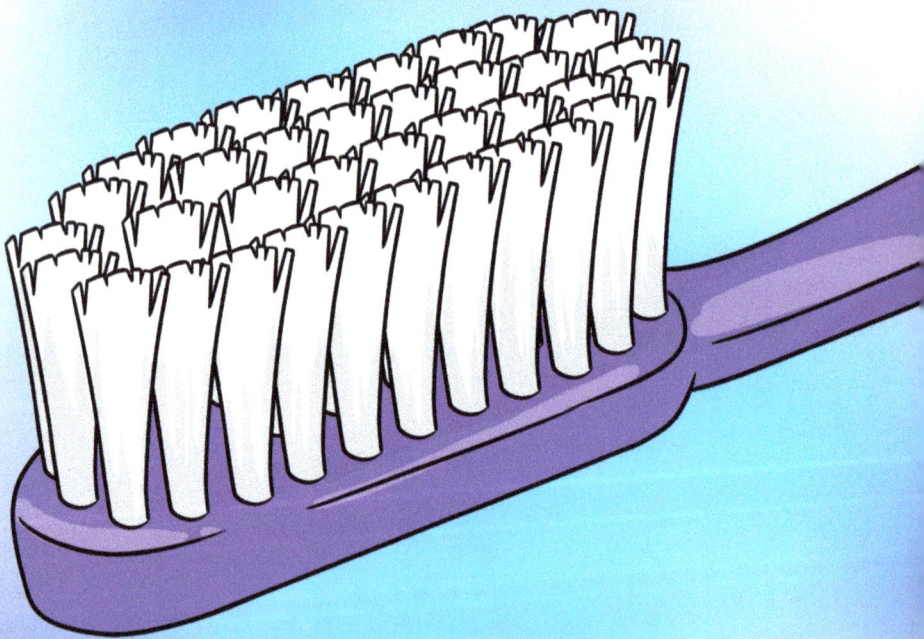

Tuoa am burati bwa e na maraurau wiina.

Karekea am toobu
n irewii.

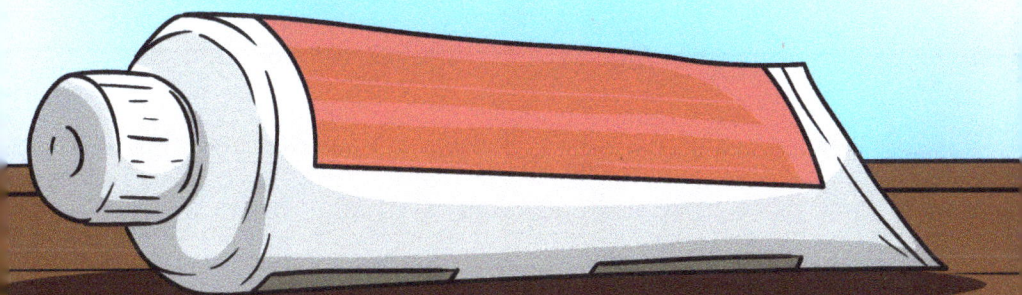

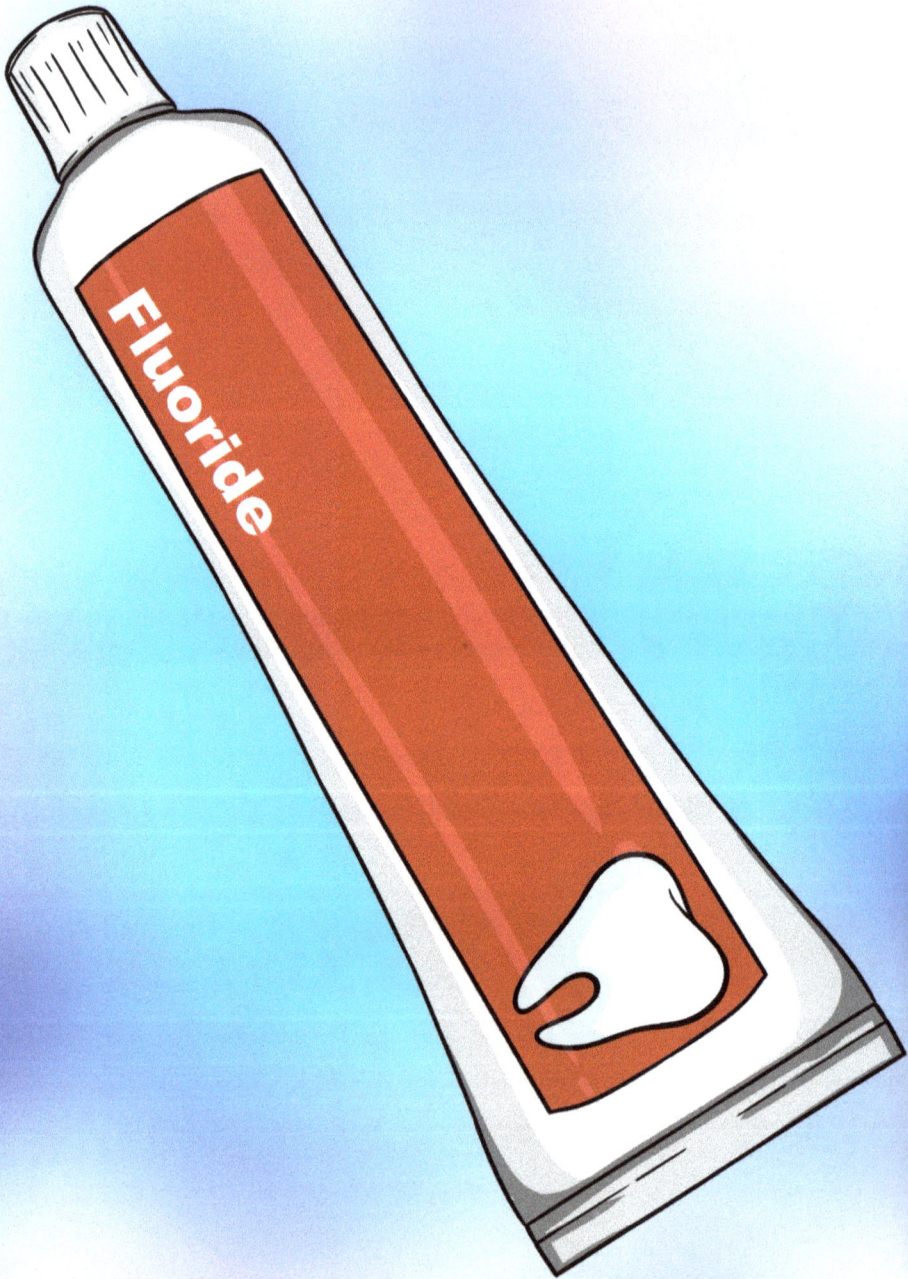

Tuoa am toobu n irewii
bwa e na riai ni iai te
taeka ae Fluoride
i aona.

Katiia am toobu ni
irewii nako aon
am burati.

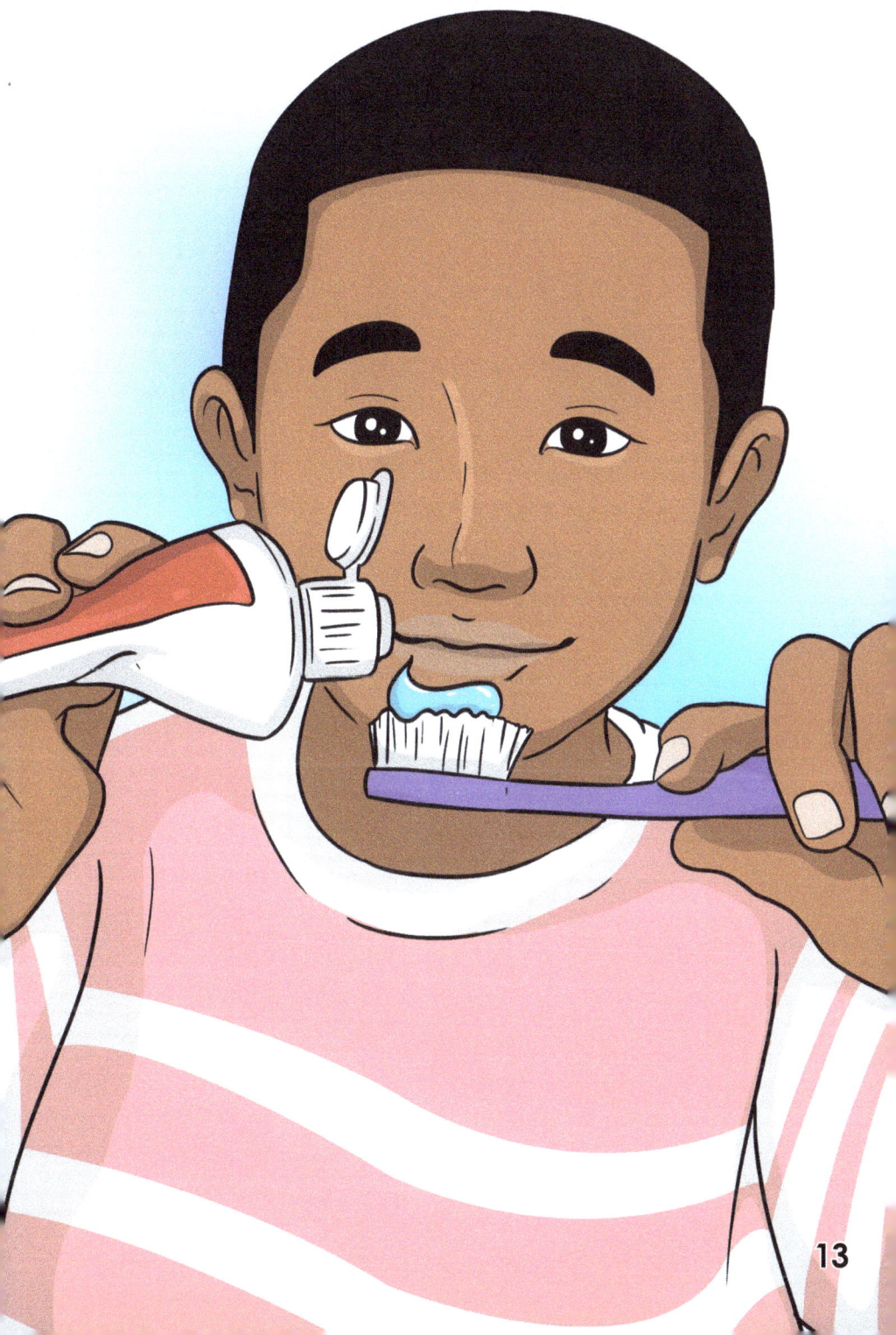

Karaua kaurea wiim
teutana.

Buratina wiim ma
toobuna.

Buratinna n tii teuana
kawaina n aron mai eta
rikaaki ao mai nano
ni waerake.

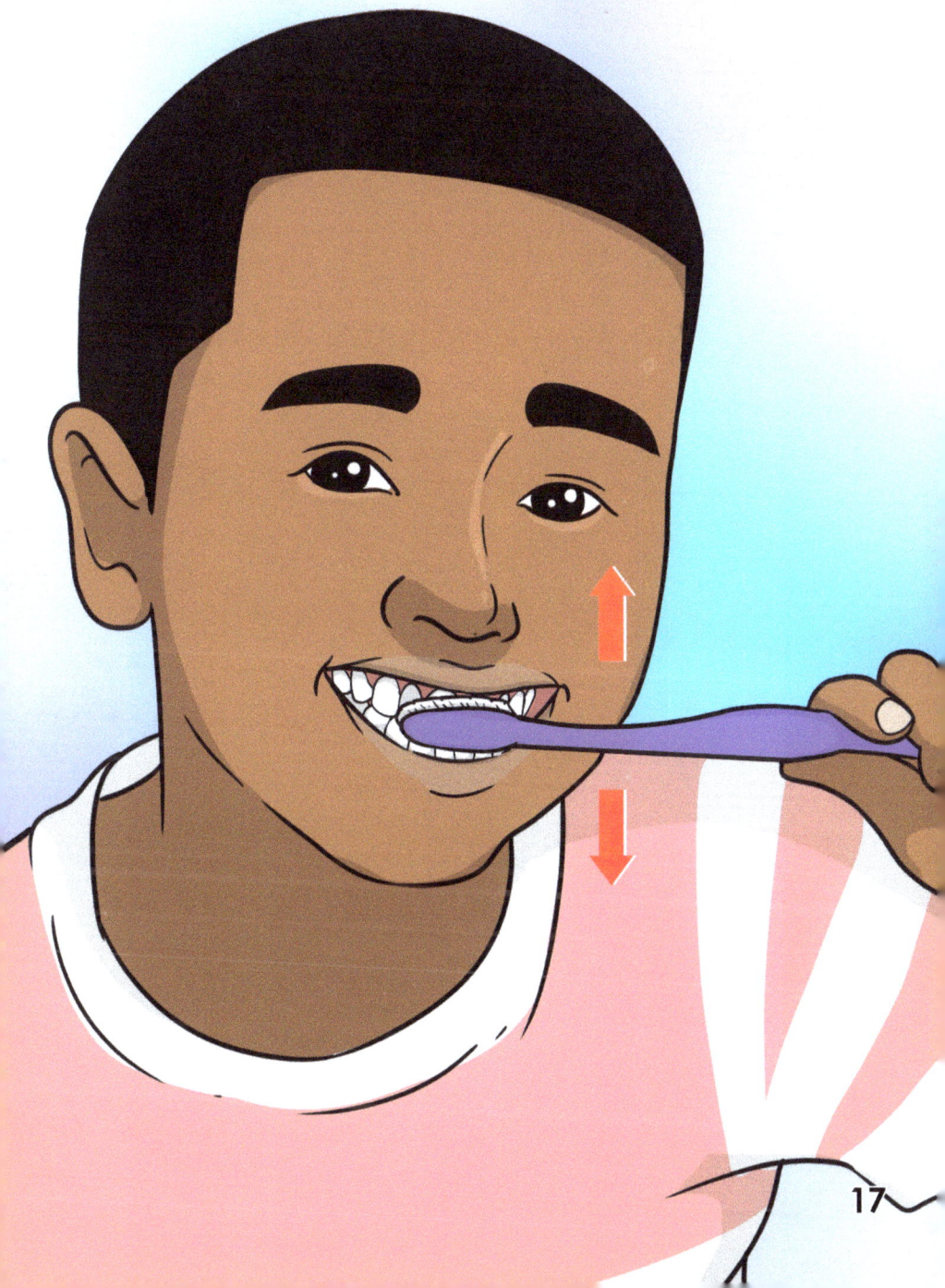

Karaoia ni kabutaa wiim,
ni moa man moan wiim
ni karokoa awaim.

Burati uoua te tai.

Teuana n te ingaabong.

Te kauoua i mwaain matuum n te tairiki.

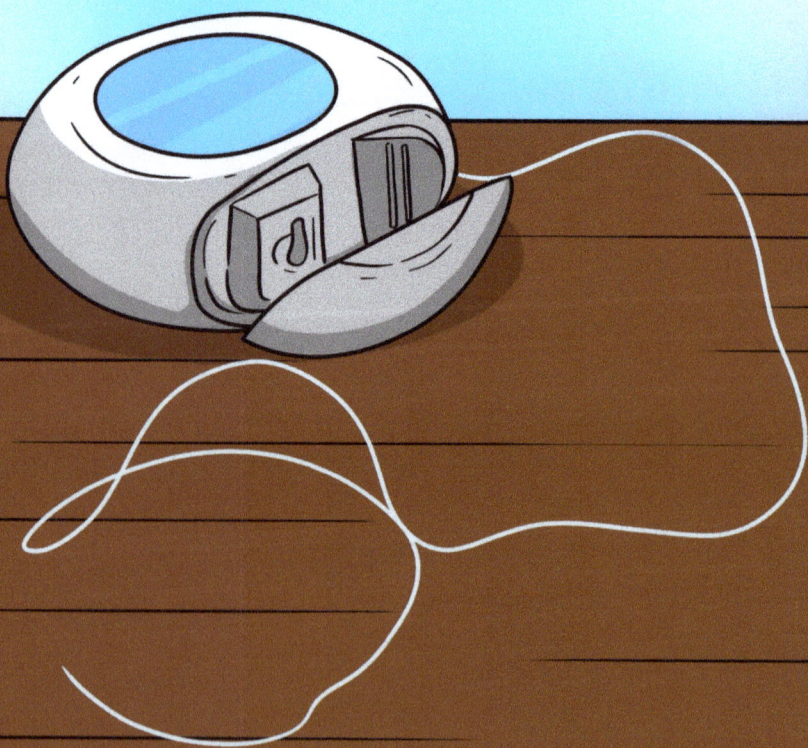

Ko kona naba ni
kaboonganaa te karai
n kaitiaki wii ni kanakoi
mwiin amwarake aika
bae i marenan wiim.

Ti bon riai ni buratina wiira ni katoa bong.

Ko kona ni kaboonganai titiraki aikai ni maroorooakina te boki aio ma am utuu, raoraom ao taan reirei.

Teraa ae ko reiakinna man te boki aio?

Kabwarabwaraa te boki aio.
E kaakamanga? E kakamaaku?
E kaunga? E kakaongoraa?

Teraa am namakin i mwiin warekan te boki aio?

Teraa maamaten nanom man te boki aei?

Karina ara burokuraem ni wareware
getlibraryforall.org

Rongorongoia taan ibuobuoki

E mmwammwakuri te Library For All ma taan korokaraki ao taan korotaamnei man aaba aika kakaokoro ibukin kamwaitan karaki aika raraoi ibukiia ataei.

Noora libraryforall.org ibukin rongorongo aika boou i aon ara kataneiai, kainibaaire ibukin karinan karaki ao rongorongo riki tabeua.

Ko kukurei n te boki aei?

Iai ara karaki aika a tia ni baarongaaki aika a kona n rineaki.

Ti mwakuri n ikarekebai ma taan korokaraki, taan kareirei, taan rabakau n te katei, te tautaeka ao ai rabwata aika aki irekereke ma te tautaeka n uarokoa kakukurein te wareware nakoia ataei n taabo ni kabane.

Ko ataia?

E rikirake ara ibuobuoki n te aonnaaba n itera aikai man irakin ana kouru te United Nations ibukin te Sustainable Development.

libr=aryforall.org